Antonio
VIVALDI

GLORIA
RV 589

Edited by
Richard W. Sargeant, Jr.

Study Score
Partitur

SERENISSIMA MUSIC, INC.

ORCHESTRA

Oboe

Trumpet (C)*

Organ

Violin I

Violin II

Viola

Violoncello

Double Bass

*The present score has been updated for the common keys of modern instruments
(Clarinets in A or B-flat, Horns in F, Trumpets in C). The composer's original score featured
Trumpets in D

Duration: ca. 30 minutes

Premiere: ca.1715
Venice
Ospedale della Pietà
Soli, Chorus and Orchestra / Composer

ISMN: 979-0-58042-129-6
This score is a newly engraved urtext edition prepared
from the primary sources.

Printed in the USA
First Printing: September, 2018

GLORIA
RV 589
1. Gloria in excelsis

Antonio Vivaldi
Edition and organ realization by Richard W. Sargeant, Jr.

16
Ob.
Tpt.
S.
Glo - ri - a,   glo - ri - a,
A.
Glo - ri - a,   glo - ri - a,
T.
Glo - ri - a,   glo - ri - a,
B.
Glo - ri - a,   glo - ri - a,
Org.
16
Vn.
1
2
Va.
Vc.
Cb.

glo - ri - a, glo - ri - a in ex - cel -
glo - ri - a, glo - ri - a in ex - cel -
glo - ri - a, glo - ri - a in ex - cel -
glo - ri - a, glo - ri - a in ex - cel -

23
Ob.
Tpt.
S.
sis De - o, in ex - cel - sis De - o,
A.
sis De - o, in ex - cel - sis De - o,
T.
sis De - o, in ex - cel - sis De - o,
B.
sis De - o, in ex - cel - sis De - o,
Org.
p
6 5 3 6 7 6 5 3
4 4 4 5 4 4
23
Vn.
1
2
Va.
Vc.
Cb.

28
Ob.
Tpt.
S.
glo - ri - a, glo - ri - a, glo - ri - a, glo - ri - a in
A.
glo - ri - a, glo - ri - a, glo - ri - a, glo - ri - a in
T.
glo - ri - a, glo - ri - a, glo - ri - a, glo - ri - a in
B.
glo - ri - a, glo - ri - a, glo - ri - a, glo - ri - a in
Org.
28
Vn.
1
2
Va.
Vc.
Cb.

ex - cel - sis De - - o,
ex - cel - sis De - - o,
ex - cel - sis De - - o,
ex - cel - sis De - - o,

Ob.
Tpt.
S.
glo - ri - a, glo - ri - a in ex -
A.
glo - ri - a, glo - ri - a in ex -
T.
glo - ri - a, glo - ri - a in ex -
B.
glo - ri - a, glo - ri - a in ex -
Org.
Vn.
Va.
Vc.
Cb.

41
Ob.
Tpt.
S.
cel - - - - - - - - - - sis
A.
cel - - - - - - - - - - sis
T.
cel - - - - - - - - - - sis
B.
cel - - - - - - - - - - sis
Org.
41
Vn.
1
2
Va.
Vc.
Cb.

46
Ob.
Tpt.
S.
De - - - - - - o,
A.
De - - - - - - o,
T.
De - - - - - - o,
B.
De - - - - - - o,
Org.
5#
4
3#
5#
46
Vn.
1
2
Va.
Vc.
Cb.

glo - ri - a in ex - cel - sis, glo - ri - a in ex - cel - sis
glo - ri - a in ex - cel - sis, glo - ri - a in ex - cel - sis
glo - ri - a in ex - cel - sis, glo - ri - a in ex - cel - sis
glo - ri - a in ex - cel - sis, glo - ri - a in ex - cel - sis

De - - - o, glo - ri - a in ex - cel - sis
De - - - o, glo - ri - a in ex - cel - sis
De - - - o, glo - ri - a in ex - cel - sis
De - - - o, glo - ri - a in ex - cel - sis

58
Ob.
Tpt.
S.
De - - o,
A.
De - - o,
T.
De - - o,
B.
De - - o,
Org.
5
4
3
58
Vn.
1
2
Va.
Vc.
Cb.

62
Ob.
Tpt.
S.
in ex - cel - - - - - - - - - -
A.
in ex - cel - - - - - - - - - -
T.
in ex - cel - - - - - - - - - -
B.
in ex - cel - - - - - - - - - -
Org.
6 7 6 7 6
62
Vn.
1
2
Va.
Vc.
Cb.

65
Ob.
Tpt.
S.
- - - - sis, glo - ri-a in - ex - cel - sis
A.
- - - - sis, glo - ri-a in ex - cel - sis
T.
- - - - sis, glo - ri-a in ex - cel - sis
B.
- - - - sis, glo - ri-a in ex - cel - sis
Org.
7
5
4
65
Vn.
1
2
Va.
Vc.
Cb.

69
Ob.
Tpt.
S.
De - o.
A.
De - o.
T.
De - o.
B.
De - o.
Org.
3
5
4
3
69
Vn.
1
2
Va.
Vc.
Cb.

2. Et in terra pax

S.
A.
T.
Et in
B.
Et in ter - -
Org.
Vn.
1
2
Va.
Vc.
Cb.

11
S.
Et in ter - ra pax ho -
A.
Et in ter - - - ra pax ho -
T.
ter - ra pax ho - mi - ni-bus, bo - næ,
B.
- ra pax ho - mi - ni-bus, et in ter - ra
Org.
Vn.
Va.
Vc.
Cb.

S.
mi - ni - bus, et in ter - ra pax ho - mi - ni - bus, bo - næ,
A.
mi - ni - bus, bo - næ, bo - næ vo - lun -
T.
bo - næ vo - lun - ta - tis,
B.
pax ho - mi - ni - bus, et in ter - ra pax ho-
Org.
Vn. 1
2
Va.
Vc.
Cb.

bo - næ vo - lun - ta - tis,
ta - tis, et in
et in ter - ra pax ho - mi -ni-bus,
mi - ni-bus bo - næ, bo - næ vo -
S.
A.
T.
B.
Org.
Vn.
Va.
Vc.
Cb.
23

28
S.
pax ho - mi - ni-bus, bo - næ vo - lun - ta -
A.
ter - ra pax ho - mi - ni-bus, bo - næ, bo - næ vo - lun - ta -
T.
bo - næ vo - lun - ta - tis, et in
B.
lun - ta - tis, bo - næ vo - lun - ta -
Org.
28
Vn.
Va.
Vc.
Cb.

33
S.
A.
T.
B.
Org.
Vn.
Va.
Vc.
Cb.
tis, bo - næ
tis, et in ter - ra pax ho - mi - ni - bus,
ter - - ra pax ho - mi - ni - bus,
tis, pax ho - mi - ni - bus, bo - næ
6
3
6
5
9
3#
8
7
6
6
5
33
1
2

S.
vo - lun - ta - tis, et in ter - ra
A.
bo - næ vo - lun - ta - tis, et in ter - ra
T.
bo - næ vo - lun - ta - tis,
B.
vo - lun - ta - tis, et in
Org.
Vn.
Va.
Vc.
Cb.

pax ho - mi - ni - bus, et in ter - ra pax,
pax ho - mi - ni - bus, et in
bo - næ, bo - næ vo -
ter - ra pax ho - mi - ni - bus bo - næ, bo -

48
S.
et in ter - ra pax ho - mi - ni - bus, pax ho - mi - ni - bus,
A.
ter - ra pax ho - mi - ni - bus, bo - næ vo - lun - ta - tis, et in
T.
lun - ta - tis, bo - næ vo - lun -
B.
næ vo - lun - ta - tis, bo - næ
Org.
7 3# # 7 6 7 3#
48
Vn.
1
2
Va.
Vc.
Cb.

53
S.
A.
T.
B.
Org.
bo - næ vo - lun - ta - tis, et in ter - ra pax ho -
ter - ra pax, et in ter - ra pax ho - mi - ni -
ta - tis,
vo - lun - ta - tis, et in ter - ra
7♮
6 5
4 3
♮
7♮
3♭
6♭
6♭
5
9
3♯
8 7
53
Vn.
1
2
Va.
Vc.
Cb.

59
S.
mi - ni - bus, bo - næ vo - lun - ta - - - - - - -
A.
bus, bo - næ vo - lun - ta - - - - - - -
T.
bo - næ vo - lun - ta - - - - - - -
B.
pax, bo - næ vo - lun - ta - - - - - - -
Org.
Vn. 1
Vn. 2
Va.
Vc.
Cb.

63
S.
A.
T.
B.
Org.
63
Vn.
1
2
Va.
Vc.
Cb.

67
S.
A.
T.
B.
Org.
tis,
tis,
tis, et in ter
tis, et in
7
3#
6
4
6
4
5
3#
67
Vn.
1
2
Va.
Vc.
Cb.

et in ter - - ra pax ho -
et in ter - - - - ra pax ho -
- ra pax ho - mi - ni - bus, et in ter - ra
ter - ra pax ho - mi - ni - bus, et in ter - ra

76
S.
mi - ni-bus, bo - næ
A.
mi - ni-bus, bo - næ vo -
T.
pax, ho - mi - ni - bus bo -
B.
pax, ho - mi - ni - bus,
Org.
7
8
6
76
Vn.
1
2
Va.
Vc.
Cb.

80
S.
A.
T.
B.
Org.
Vn.
Va.
Vc.
Cb.
80
1
2
vo - - - - - lun - ta - - - - - - - - - -
- lun - ta - - - - - - - - - - - - - -
- næ vo - - - - lun - ta - - - -
bo - - - - næ vo - - - - lun - -
7
8 6
7
8 6
6♮
5♮

84
S.
A.
T.
B.
ta
Org.
84
Vn.
1
2
Va.
Vc.
Cb.

88
S.
A.
T.
B.
Org.
Vn.
Va.
Vc.
Cb.
tis.
tis.
tis.
tis.
5
4
3#
88
1
2

3. Laudamus te

Lau-da-mus te, be - ne-
Lau-da-mus te,
di - ci-mus te, ad - o - ra-mus te, glo - ri - fi - ca -
be - ne - di - ci-mus te, ad-o - ra-mus te, glo-

30
Sop. 1
Sop. 2
Org.
30
Vn.
Va.
Vc.
Cb.
- mus te.
ri - fi - ca - mus te.
f
f
f
f
38
Sop. 1
Sop. 2
Org.
38
Vn.
Va.
Vc.
Cb.
Lau - da - mus te, be - ne -
Lau - da - mus te, be - ne -
p
p
p
p
p

Sop. 1
di - ci-mus te, ad - o-ra-mus te. Glo - ri - fi - ca - - -
Sop. 2
di - ci-mus te, ad-o-ra-mus te. Glo-ri-fi-
Org.
Vn. 1
Vn. 2
Va.
Vc.
Cb.
- mus, glo-
ca - mus, glo-

60
Sop. 1
Sop. 2
Org.
Vn.
Va.
Vc.
Cb.
ri - fi - ca - mus te.
ri - fi - ca - mus te.
Ad - o -
f
f
f
f
f
f
p
p
p
p
p
7
67
Sop. 1
Sop. 2
Org.
Vn.
Va.
Vc.
Cb.
ra - mus te. Ad - o - ra - mus te.
Glo - ri - fi - ca - - - - - mus
3
3
7
7
7
6
5

Lau-
te. Lau-
da - mus te, be-ne - di - ci-mus te, ad-o - ra - mus te. Glo-ri - fi - ca - mus te. Ad - o-
da - mus te, be-ne - di - ci-mus te, ad-o - ra - mus te. Glo-ri - fi - ca - mus te. Ad - o-

89
Sop. 1
ra - mus te, ad - o - ra - mus te.
Glo -
Sop. 2
ra - mus te, ad - o - ra - mus te.
Org.
7♮
7
3♯
7
89
Vn.
1
2
Va.
p
Vc.
Cb.
95
Sop. 1
- ri - fi - ca - - - - - - mus te.
Sop. 2
Glo - ri - fi - ca - - - - - mus te.
Org.
6
5
6
5
9
9
6
5
7
95
Vn.
1
p
2
p
Va.
p
Vc.
Cb.

102
Sop. 1
Glo - ri - fi - ca - - - - - - - - - mus
Sop. 2
Glo - ri - fi - ca - - - - - - - - - mus
Org.
6 5   6 5   9   9   6 5
102
Vn. 1
2
Va.
Vc.
Cb.
108
Sop. 1
te.
Sop. 2
te.
Org.
f
6 5
108
Vn. 1
f
2
f
Va.
f
Vc.
f
Cb.
f

4. Gratias agimus tibi

5. Propter magnam gloriam

pro-pter ma-gnam glo - - - - - ri-am,
pro-pter ma-gnam glo - ri-am tu - am, pro-pter ma-gnam glo-ri-am,
- - - - ri-am, pro-pter ma-gnam glo-ri-am, pro-pter ma-gnam glo - -
Pro-pter ma-gnam glo - - - - - ri-am, pro-pter ma-gnam glo - -

pro-pter ma-gnam glo - - - - - - ri-am,
pro-pter ma-gnam glo - - - - - ri-am, pro-pter ma-gnam
- - - ri-am, pro-pter magnam glo-ri-am, glo - ri-am tu - am,
- - - ri-am, pro-pter ma-gnam glo - - - - - ri-am,

propter ma-gnam glo - ri - am tu - am,
glo - ri - am tu - am, pro-pter ma-gnam
propter ma-gnam glo - ri - am tu - am, pro-pter ma-gnam glo - -
pro-pter ma-gnam glo - ri - am tu - am, pro-pter ma - gnam

pro-pter ma-gnam glo - - - - - - - -
glo - - - - - - - - -
glo - - - - - - - - -

16
S.
- ri - am tu - - am.
A.
- ri - am tu - - am.
T.
ri - am tu - - - am.
B.
- ri - am tu - - am.
Org.
16
Vn.
1
2
Va.
Vc.
Cb.

6. Domine Deus

Ob.
Sop.
Org.
Vc.
Cb.
Do - mi - ne
De - us, Rex cœ-le - stis, De - us Pa - ter, De - us

Ob.
Sop.
Org.
Vc.
Cb.
13
p
tr
Pa - - - - - - ter o-mni-pot-ens,
6
3#
6
4
5
3
13
16
tr
tr
Do - - mi - ne De - us, Rex cœ - le - stis, De - us Pa - ter,
6#
6
5
5
4
3
7
5
6
5
#
#
6
5
5
4
3#
6
4#
2#
16

Ob.
Sop.
De - us Pa - - - - - - - - - - - - - ter, Pa-
Org.
Vc.
Cb.
p
ter o - mni-pot-ens, Do - - mi - ne

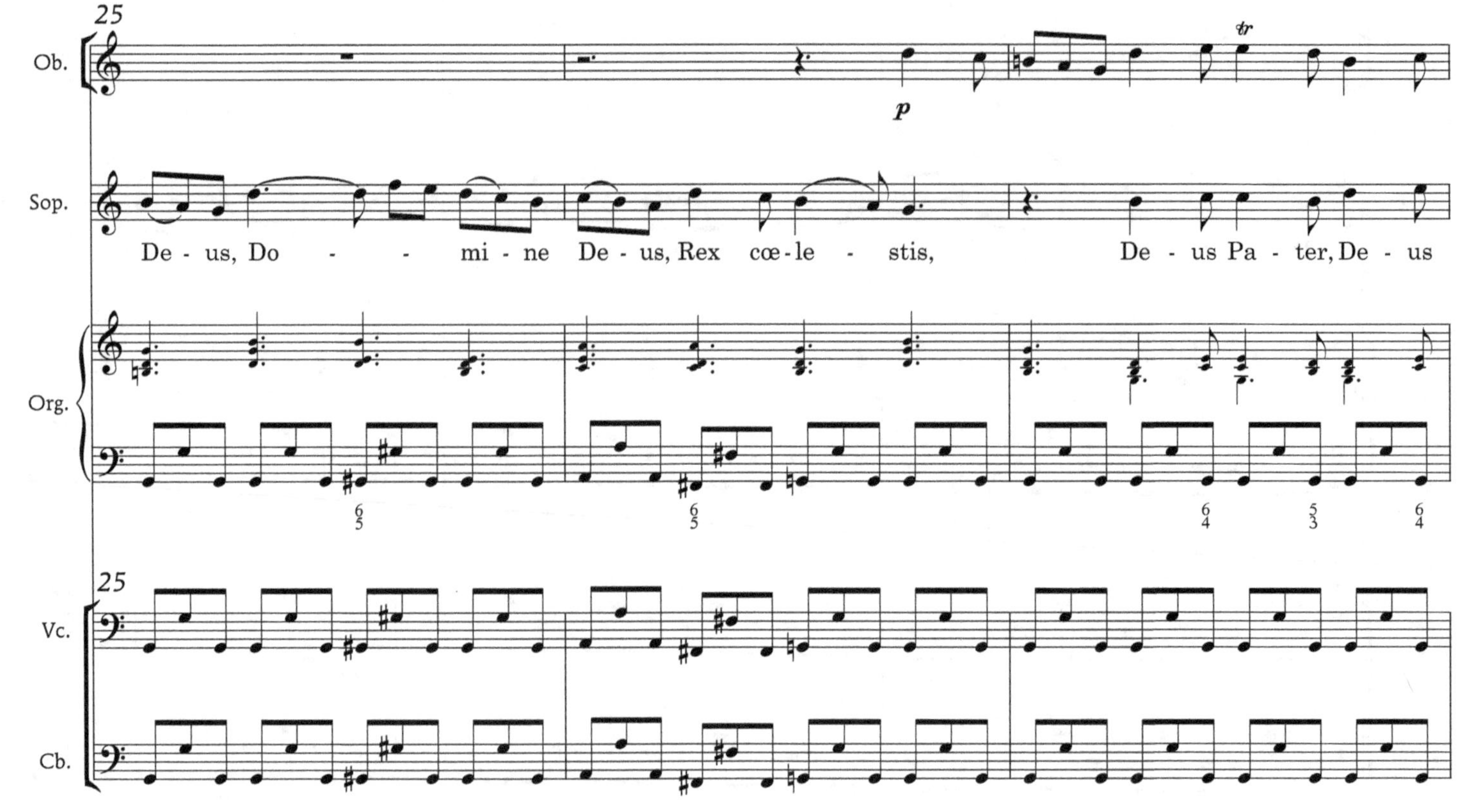

De - us, Do - - - mi - ne De - us, Rex cœ - le - stis, De - us Pa - ter, De - us
Pa - ter, Pa - - - - - - - - - - ter, Pa-

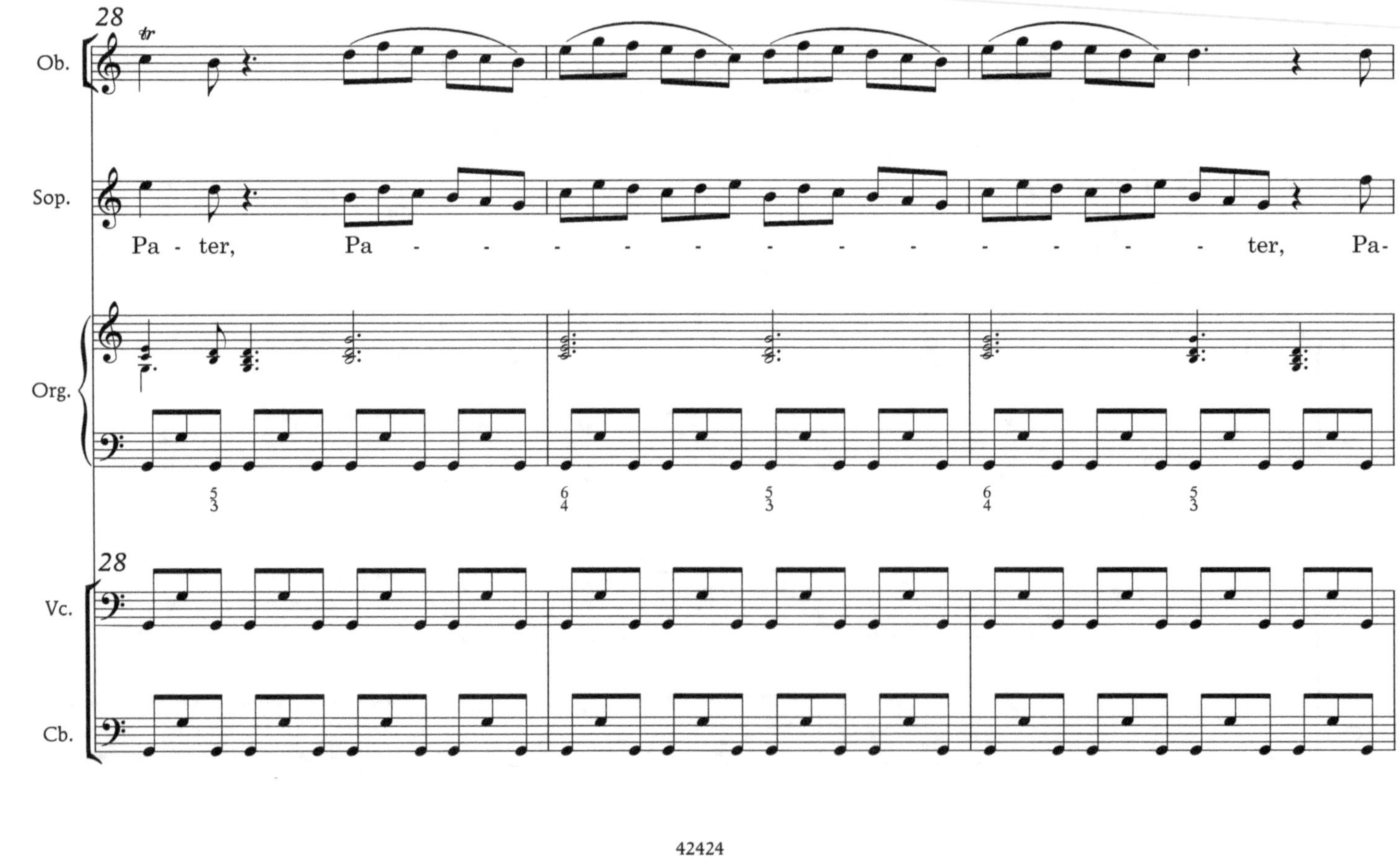

Ob.
Sop.
ter o-mni-pot-ens,
Pa
Org.
6
6
Vc.
Cb.
Ob.
Sop.
ter, Pa-ter o-mni-pot-ens.
Org.
6
Vc.
Cb.

37
Ob.
p
Sop.
Org.
6
7 6
37
Vc.
Cb.
40
Ob.
Sop.
Org.
7 6
6
4
5
3
6
4
5
3
5
4
3
40
Vc.
Cb.

7. Domine fili unigenite

S.
A.
T.
B.
Do - mi - ne Fi - li u - ni - ge - ni - te, Je -
Do - mi - ne Fi - li u - ni - ge - ni - te,
Org.
7 6   6   7 6   7 6
Vn.
1
2
Va.
Vc.
Cb.
7

13
S.
A.
T.
B.
Org.
Vn.
Va.
Vc.
Cb.
Do - mi - ne
su Chri - ste.
Do - mi - ne
Je - su Chri - ste.
f
f
7 6 7 6 7 6 7
13
1
2

Fi - li u - ni - ge - ni - te, Je - - - - - - - - -
Fi - li u - ni - ge - ni - te, Je - - - - - - - - -

-su Chri - ste. Do - mi - ne Fi - - - li, u - ni -
Do - mi - ne Fi - - - li, u - ni - ge - ni - te,
-su Chri - ste. Do - mi - ne Fi - li, Do - mi - ne
Do - mi - ne Fi - li u - ni - ge - ni - te, Je - su, u - ni - ge - ni - te,

31
S.
ge - ni - te, u - ni - ge - ni - te, Je - su Chri -
A.
u - ni - ge - ni - te, Je - su Chri -
T.
Fi - li, u - ni - ge - ni - te, Je - su Chri -
B.
Je - su, Je - su Chri -
Org.
7 6   7 6   7   7 6   7
         9 4#   5
            2
Vn.
1
2
Va.
Vc.
Cb.
31

37
S.
A.
T.
B.
Org.
Vn.
Va.
Vc.
Cb.
ste.
ste.
ste.
ste.
Do - mi - ne Fi - li u - ni -
Do - mi - ne Fi - li u - ni -
Do - mi - ne Fi - li u - ni -
f
f
f
1
2
6
7 6
7
5
37
42424

43
S.
ge - ni - te, Do - mi - ne Fi - li u - ni -
A.
f
Do - mi - ne Fi - li u - ni - ge - ni - te, Do - mi - ne Fi -
T.
ge - ni - te, Do - mi - ne Fi - li u - ni -
B.
ge - ni - te, Do - mi - ne Fi - li u - ni - ge - ni - te, Do - mi - ne Fi - li u - ni
Org.
7b
5
7b
5
43
Vn.
1
2
Va.
Vc.
Cb.

49
S. ge - ni-te, Je - su, Je - su Chri - ste.
A. li u - ni - ge - ni-te, Je-su Chri - ste.
T. ge - ni-te, Je - su Chri - ste. Do - mi - ne Fi - li u - ni-
B. ge - ni-te, Je - su Chri - ste. Do - mi - ne Fi - li
Org.
Vn.
Va.
Vc.
Cb.

55
S.
A.
T.
ge - ni - te, Je - - - - - - - - - su Chri - ste.
B.
u - ni - ge - ni-te, Je - - - - - - - su Chri - ste.
Org.
7 6b   7 6   7 6   7 6   7 6
55
Vn.
1
f
2
Va.
Vc.
Cb.

Do - mi - ne Fi - li u - ni - ge - ni - te, Je -
Do - mi - ne Fi - li u - ni - ge - ni - te, Je -

68
S.
Do - mi-ne Fi - li, Do - mi-ne Fi - li
A.
Do - mi-ne Fi - li, Do - mi-ne Fi - li
T.
- su Chri - ste. Do - mi-ne Fi - li, Do - mi-ne
B.
- su Chri - ste. Do - mi-ne Fi - li, Do - mi-ne
Org.
7 6
7
7
7
68
Vn.
1
2
Va.
Vc.
Cb.

74
S.
u - ni - ge - ni-te, Je - su Chri - ste, Je -
A.
u - ni - ge - ni-te, Je - su Chri - ste, Je -
T.
Fi - li u - ni-ge - ni-te, Je - su Chri - ste, Do - mi - ne
B.
Fi - li u - ni-ge - ni-te, Je - su Chri - ste, Do - mi - ne
Org.
7
6 5
7 5
6 4
5 3
6
74
Vn.
1
2
Va.
Vc.
Cb.

80
S.
- su Chri - ste, Je -
A.
- su Chri - ste, Je -
T.
Fi - li u - ni - ge - ni - te, Je - su Chri - ste, Do - mi - ne
B.
Fi - li u - ni - ge - ni - te, Je - su Chri - ste, Do - mi - ne
Org.
7 6 7 6 7 7 6
80
Vn.
1
2
Va.
Vc.
Cb.

su Chri ste.
su Chri ste.
Fi - li u - ni - ge - ni - te, Je-su Chri - ste.
Fi - li u - ni - te, Je-su Chri - ste.

92
S.
A.
T.
B.
Org.
7 6   7 6   7 6   6   7 6
92
Vn.
1
2
Va.
Vc.
Cb.
tr
tr

8. Domine Deus, Agnus Dei

Alto
Do - mi - ne - De - us, A - gnus De - i, Fi - li - us Pa - tris, Do - mi - ne
S.
A.
T.
B.
Org.
Vn.
1
2
Va.
Vc.
Cb.

10
Alto
De - us, Do - mi - ne De - us, A - gnus De - i, Fi - li-us Pa - tris,
S.
p
Qui tol - lis pec-
A.
p
Qui tol - lis pec-
T.
p
Qui tol - lis pec-
B.
p
Qui tol - lis pec-
Org.
7b
6
6
5
3#
7#
10
Vn.
1
p
2
p
Va.
p
Vc.
Cb.

Do - mi - ne De-us Rex cœ - le - stis,
Do - mi - ne Fi - li u - ni -
ca - ta,
qui tol - lis pec-ca - ta,
42424

18
Alto
ge - ni - te,
Do - mi - ne De - us, Do - mi - ne De - us, A - gnus
S.
p
qui tol - lis pec - ca - ta,
A.
p
qui tol - lis pec - ca - ta,
T.
p
qui tol - lis pec - ca - ta,
B.
p
qui tol - lis pec - ca - ta,
Org.
6
5b
b
6
4
6b
18
Vn.
1
p
2
p
Va.
p
Vc.
Cb.
42424

De-i Fi - li-us Pa - tris, mi - se - re - re,
qui tol - lis pec-ca - ta mun - di A - gnus De - i,
qui tol - lis pec-ca - ta mun - di A - gnus De - i,
qui tol - lis pec-ca - ta mun - di A - gnus De - i,
qui tol - lis pec-ca - ta mun - di A - gnus De - i,

27
Alto
mi - se - re - re,   mi - se - re - re   no - bis,
tr
S.
Fi - li - us Pa - tris,   mi - se - re - re,
p
A.
Fi - li - us Pa - tris,   mi - se - re - re,
p
T.
Fi - li - us Pa - tris,   mi - se - re - re,
p
B.
Fi - li - us Pa - tris,   mi - se - re - re,
p
Org.
7   #   6 5   7 #   #   6 4 #
27
Vn.
1
p
2
p
Va.
p
Vc.
Cb.

mi - se - re - re no - bis.
mi - se - re - re, mi-se-re-re no - bis.
mi - se - re - re, mi-se-re-re no - bis.
mi - se - re - re, mi-se-re-re no - bis.
mi - se - re - re, mi-se-re-re no - bis.

9. Qui Tollis

Adagio
Soprano
Qui tol - lis, pec - ca - ta mun - di, pec - ca - ta
Alto
Qui tol - lis, pec - ca - ta mun - di,
Tenor
Qui tol - lis, pec - ca - ta mun - di,
Bass
Qui tol - lis, pec - ca - ta mun - di,
Organ
Adagio
Violin
1
2
Viola
Violoncello
Contrabass

mun - di, sus - ci - pe, sus - ci - pe, sus - ci - pe, de - pre - ca - ti -
pec - ca - ta mun - di, sus - ci - pe, sus - ci - pe, de - pre - ca - ti -
pec - ca - ta mun - di, sus - ci - pe, sus - ci - pe, de - pre - ca - ti -
pec - ca - ta mun - di, sus - ci - pe, sus - ci - pe, de - pre - ca - ti -

o - nem, de - pre - ca - ti - o - nem no - stram,
o - nem, de - pre - ca - ti - o - nem no - stram,
o - nem, de - pre - ca - ti - o - nem no - stram,
o - nem, de - pre - ca - ti - o - nem no - stram,
S.
A.
T.
B.
Org.
Vn.
1
2
Va.
Vc.
Cb.
11
11
6
6
7
6
4
5
4
3

16
S.
de - pre - ca - ti - o - - - nem no - - stram.
A.
de - pre - ca - ti - o - nem no - stram.
T.
de - pre - ca - ti - o - nem no - - - stram.
B.
de - pre - ca - ti - o - nem no - - - stram.
Org.
16
Vn. 1
2
Va.
Vc.
Cb.

10. Qui sedes ad dexteram

Alto
Org.
Vn.
Va.
Vc.
Cb.
20
Qui se -
30
- des ad dex - - - te-ram Pa - tris, mi - se - re -

40
Alto
Org.
Vn.
Va.
Vc.
Cb.
50
Alto
re, mi - se - re - re, mi - se - re - re no - bis,
Org.
Vn.
Va.
Vc.
Cb.

60
Alto
Org.
60
Vn.
1
2
Va.
Vc.
Cb.
qui se - des ad dex-te-ram Pa -
p
6
3#
#
p
p
69
Alto
Org.
69
Vn.
1
2
Va.
Vc.
Cb.
tris, mi - se - re -
7
6
p
p
p

78
Alto
Org.
Vn.
Va.
Vc.
Cb.
- re no - bis,
mi - se - re -
87
Alto
Org.
Vn.
Va.
Vc.
Cb.
- re no - bis,

96
Alto
qui se - - - des ad dex - - te-ram Pa - tris,
Org.
6
6
5
6
96
Vn.
1
p
2
p
Va.
p
Vc.
p
Cb.
p
106
Alto
mi-se - re - - - - - - - - - - - - re,
Org.
6
4#
#
106
Vn.
1
p
2
p
Va.
p
Vc.
Cb.

115
Alto
mi - se - re - re, mi - se - re - re______ no - bis,
Org.
p
115
Vn.
1
2
Va.
Vc.
p
Cb.
p
124
Alto
tr
mi - se - re - re, mi - se - re - re, mi - se - re - re no - bis.
Org.
f
6
124
Vn.
1
f
2
f
Va.
f
Vc.
f
Cb.
f

133
Alto
Org.
6#
#
6♮ 6
133
Vn.
1
2
Va.
Vc.
Cb.
142
Alto
Org.
#
142
Vn.
1
tr
2
tr
Va.
Vc.
Cb.

11. Quoniam tu solus Sanctus

Quo - ni-am tu so-lus San - ctus,
Quo - ni-am tu so-lus San - ctus,
Quo - ni-am tu so-lus San - ctus,
Quo - ni-am tu so-lus San - ctus,

quo - ni-am tu so-lus San - ctus, Tu so - lus
quo - ni-am tu so-lus San - ctus, Tu so - lus
quo - ni-am tu so-lus San - ctus, Tu so - lus
quo - ni-am tu so-lus San - ctus, Tu so - lus

Ob.
Tpt.
S.
Do - mi - nus, Tu so - lus Al -
A.
Do - mi - nus, Tu so - lus Al -
T.
Do - mi - nus, Tu so - lus Al -
B.
Do - mi - nus, Tu so - lus Al -
Org.
Vn.
Va.
Vc.
Cb.
p
12

16
Ob.
Tpt.
f
f
S.
f
tis - si-mus, Je - su Chri - - ste,
A.
f
tis - si-mus, Je - su Chri - - ste,
T.
f
tis - si-mus, Je - su Chri - - ste,
B.
f
tis - si-mus, Je - su Chri - - ste,
Org.
f
5 4   3   5 4   3
16
Vn.
1
f
2
f
Va.
f
Vc.
f
Cb.
f

Je - su Chri - ste.
Je - su Chri - ste.
Je - su Chri - ste.
Je - su Chri - ste.

12. Cum Sancto Spiritu

Pa - tris. A - men. A - men. A -
Cum San - cto Spi - ri - tu, in glo - ri - a
Cum San-cto Spi - ri-tu in glo-ri-a De - i
De - i Pa-tris. A - men.
7   6#

- men. A - men. Cum San - cto Spi - ri - tu,
De - i Pa - tris, De - i Pa-tris. A - men. A - men.
Pa - tris, in glo-ri-a De - i Pa - tris. A - men. A - men. A -
Cum San-cto

in glo - ri - a De - i Pa - tris, De - i Pa - tris. A -
A - men. A - men. A -
Spi - ri - tu in glo - ri - a De - i Pa - tris, in glo - ri - a De - i Pa - tris. A -

16
Ob.
Tpt.
f
S.
men.
A.
men.
T.
men.
B.
men.
Org.
3
4
2
5
16
Vn.
1
f
2
f
Va.
f
Vc.
f
Cb.
f

20
Ob.
Tpt.
S.
A.
T.
Cum
B.
Org.
5
4 3
20
Vn.
1
2
Va.
Vc.
Cb.
f

Ob.
Tpt.
S.
A - - men. A - - men. A -
A.
Cum San - cto Spi - ri - tu in glo - ri - a De - i Pa - tris, in
T.
San - cto Spi - ri - tu in glo - ri - a De - i
B.
A - - - men.
Org.
3   4   5
     2
Vn.
1
2
Va.
Vc.
Cb.
24

27
Ob.
Tpt.
S.
- men. Cum San-cto Spi - ri-tu in
A.
glo - ri - a De - i Pa - tris. A - men. A - men. A-
T.
Pa - tris, De - i Pa-tris. A - men. A - men. A -
B.
f
Cum San - cto Spi - ri - tu, in
Org.
7 6# 5 6 5 6 6
4 4#
27
Vn.
1
2
Va.
Vc.
Cb.

Ob.
Tpt.
f
S.
glo-ri-a De-i Pa - tris. A - men.
A.
- - - - men.
T.
- - - - men.
B.
glo - ri-a De-i Pa-tris. A - men.
Org.
6   4 3#   #   6
              5
Vn.
1
2
Va.
Vc.
Cb.

Ob.
Tpt.
S.
A.
T.
B.
Org.
Vn.
Va.
Vc.
Cb.
35
f
A - - - - men. Cum San - cto
f
Cum San - cto Spi - ri - tu in glo - ri - a De - i
f
A - - men. A - -
f
Cum San-cto Spi - ri-tu in glo-ri-a De-i
5 3
4
6 7
4 5
35
1
2

Spi - ri - tu, in glo-ri-a De-i Pa - tris. A - men. A - -
Pa - tris. A - - - men. A - men. A - -
- men. A - men. A - men. A - men. A -
Pa-tris. A - men.Cum San-cto Spi - ri-tu in glo-ri-a De-i Pa - tris. A - - -

43
Ob.
Tpt.
S.
men. A - - - men. A - men.
A.
men. A - - men. A - - men.
T.
men. A - men. A - men. A - men.
B.
men. A - - - men. A - - men.
Org.
6 6 4 3# 4 3# 3# 3# # #
4
2
43
Vn. 1
2
Va.
Vc.
Cb.

47
Ob.
Tpt.
S.
f
Cum San-cto
A.
T.
B.
f
A -
Org.
7   6   #   4   3#   ♮   6
47
Vn.
1
2
Va.
Vc.
Cb.

Spi - ri - tu, cum San-cto Spi - ri-tu. A - men. A - men.
Cum San-cto Spi - ri-tu. A - men. A - men.
A - men. A - men.
men. A - men.
42424

55
Ob.
Tpt.
S.
Cum San - cto Spi - ri - tu, in glo - ri - a De - i,
A.
Cum San-cto Spi - ri-tu in glo-ri-a De-i Pa-tris. A - men.
T.
Cum San-cto Spi - ri-tu in glo-ri-a De-i Pa-tris. A - men. A - men.
B.
Cum San - cto Spi - ri - tu, cum San-cto Spi - ri-tu in glo-ri-a De-i
Org.
55
Vn.
1
2
Va.
Vc.
Cb.

De - i Pa - tris, Pa - tris. A - men. A - men. A - men.
A - men. A - men. A - men. A - men.
A - men. A - men. A - men. A - men. A -
Pa - tris, in glo-ri-a De - i Pa - tris. A - men. A -

Ob.
Tpt.
S.
A - men. A - men. A -
A.
A - men. A -
T.
- men. A - men. A - men.
B.
- men. A -
Org.
4   3#   5♮   4   6   9   8   4   3#   7   6
                              5
                              3
Vn.
1
2
f
Va.
Vc.
Cb.
63

Ob.
Tpt.
f
S.
men. Cum San-cto Spi - ri - tu, cum San-cto Spi - ri - tu,
A.
men. A - - - - - - - - - - - -
T.
A - - - - - - men.
B.
men. Cum San-cto Spi - ri - tu, cum San-cto Spi - ri - tu, cum San-cto Spi - ri - tu in glo-ri-a De - i Pa-tris. A -
Org.
6 # 6 7 6 5 4 3 4 2 6
Vn.
1
2
Va.
Vc.
Cb.
67
67

71
Ob.
Tpt.
f
S.
f
cum San - cto Spi - ri - tu, in glo - ri - a
A.
men. A - - men. Cum San-cto Spi - ri-tu in glo-ri-a De - i
T.
f
A - - men. A - - men. Cum San-cto Spi - ri-tu in glo-ri-a De - i
B.
- - - men. Cum San-cto Spi - ri-tu in glo-ri-a De - i
Org.
5 7 6# 6
71
1
Vn.
f
2
f
Va.
Vc.
f
Cb.
f

Ob.
Tpt.
S.
De - i Pa - tris, De - i Pa - tris. A - - - - - - men.
A.
Pa - tris, in glo - ri - a De - i Pa - tris. A - - - - - men.
T.
Pa - tris, in glo - ri - a De - i Pa - tris. A - men. A - - men.
B.
Pa - tris, in glo - ri - a De - i Pa - tris. A - men. A - - men.
Org.
Vn.
1
2
Va.
Vc.
Cb.
75